Prologue

« Quand je serai grand, je veux être boulanger ». La phrase, je l'ai prononcée à l'âge de 6 ans, à l'issue d'une sortie scolaire. Elle a été rapidement estompée par la pénibilité réelle du travail et ses horaires décalés, puis effacée par les années et un choix de carrière différent.

L'idée ressurgit à l'aube de mes 40 ans, mais pas encore de manière fulgurante. Elle commence par pointer le bout de son nez à l'ultime fin d'un bilan de compétences: ayant énuméré l'ensemble des directions « sérieuses » que je pourrais prendre, je rajoute à la fin de la liste "boulanger". A l'époque c'est presque un défi, tant cette fonction est éloignée à la fois de celle que j'exerce, et de toutes les autres qui ont été identifiées. Et d'ailleurs, à l'époque, boulanger reste un vœu pieux, n'ayant ni la formation ni l'impulsion pour me lancer.

C'est un concert de Grand Corps Malade qui sert de déclencheur, après des mois de procrastination. Il a suffi d'une simple réalisation: dans notre vie il faut faire ce auquel nous croyons, pour ne pas regretter de ne pas l'avoir fait.

Ma décision est prise. Je lance la machine: demande de congé formation, inscription à un CAP boulanger en alternance, recherche d'un patron pour m'accueillir en apprentissage… Et la machine a très bien suivi son cours: pendant mon année de CAP, alors que je n'étais qu'en congé formation, mon employeur lance un plan social avec appel aux volontaires. Je décide de partir, rapidement convaincu que j'ai quelque chose à faire dans la boulangerie. Pour asseoir mon futur nouveau métier, j'enchaine sur une deuxième année de formation, en pâtisserie. Et fort de mes deux CAP et de ma motivation toute fraîche, je rachète une boulangerie-pâtisserie, avec ses employés et ses clients.

Voila, je suis devenu boulanger.

Ce que je n'avais pas tout à fait anticipé à l'époque, c'est qu'en plus de boulanger je devenais aussi *patron*. J'allais devoir assumer d'un coup deux métiers nouveaux pour moi.

Si je connaissais encore peu le métier de boulanger, je croyais connaître celui de patron, *via* mes années passées en tant que manager dans mon entreprise précédente. L'histoire prouvera que j'avais encore beaucoup à apprendre sur ce rôle.

PATRON
C'est pas du gâteau !

Eric Bouchet

Bienvenue !

Ce livre n'est pas un manuel de création d'entreprise, il est bien trop incomplet. Pourtant certaines de ses pages y trouveraient facilement leur place.

Il part d'une aventure vécue: celle d'un cadre de 40 ans qui choisit de quitter son environnement de bureau pour apprendre le métier de boulanger-pâtissier, et devenir lui-même patron boulanger.

C'est cette transformation du cadre au petit patron qui est ici relatée, de la création de l'entreprise jusqu'à sa cession, à travers les quatre parties du livre.

La première partie, **Devenir Patron**, décrit les premières étapes de la création de l'entreprise, et les premières considérations sur le métier de patron et ses multiples facettes, ainsi qu'une comparaison du rôle de patron et de manager.

Dans la deuxième partie, **Manager**, qui est également la plus longue, ce sont les relations entre le patron et son personnel qui sont étudiées, dans leurs aspects humains et contractuels, y compris les cas éventuels de séparations entre les deux parties, pas toujours faciles.

La troisième partie, **Tenir le cap**, aborde certaines des difficultés au quotidien du rôle de patron de TPE. Tous les patrons ne seront pas forcément confrontés à toutes ces épreuves, qu'on n'envisage que rarement au démarrage, souvent idyllique, de l'activité. C'est tout l'intérêt de cette partie, de rendre visible certains des risques.

Enfin, la quatrième partie, **Vendre**, se concentre sur l'une des fins possibles de l'aventure: la vente du fond de commerce.

Certains commentaires et certaines prises de position pourront sembler bien naïfs à des personnalités plus aguerries. C'est cela aussi le passage d'employé à patron: une expérience à laquelle nous ne sommes pas tous préparés de la même façon, et à laquelle nous ne réagissons pas non plus tous de la même façon.

Ce livre n'est pas universel, chaque expérience est unique, et pourtant certaines scènes décrites dans tel ou tel chapitre parleront à beaucoup.

CHAPITRE UN

Devenir Patron

Créer son entreprise

On est patron d'une entreprise. Pour être patron, ll faut donc… une entreprise. Que ce soit une création pure ou la reprise d'une entreprise existante, la première étape est bien souvent la création d'une structure juridique et comptable, SARL, SA, SAS, etc… Et pour les candidats à la création d'entreprise, cela passe également par un stage de formation à la Chambre des Métiers ou la Chambre de Commerce.

Pour les métiers de bouche (boulangerie, pâtisserie, boucherie, …), le stage est organisé par la Chambres des Métiers et de l'Artisanat, mais le format est similaire pour la Chambre de Commerce. Il s'agit d'un stage d'une semaine, qui permet d'aborder les facettes juridiques, comptables et humaines de la création et de la gestion d'une entreprise, et ainsi de fournir une rapide mise à niveau aux aspirants patrons.

Il existe des dérogations à ce stage, notamment en fonction de vos diplômes ou de votre expérience dans des fonctions d'encadrement. J'ai utilisé cette possibilité dans mon cas personnel, et choisi de ne pas faire le stage et d'utiliser la semaine ainsi libérée pour parfaire mon installation future, travailler sur le prévisionnel, sur les produits, sur la communication à venir, etc…

Avant cette semaine de formation, vous assisterez d'abord à la réunion obligatoire et nécessaire d'une demi-journée, qui permet aux futurs créateurs d'entreprise et repreneurs de prendre connaissance (et souvent conscience) des différentes étapes à franchir et des différents documents à produire afin de rentrer avec une relative assurance dans le monde de l'entreprenariat. Cette réunion est également l'occasion de rencontrer des spécialistes de la Chambre des Métiers ou de la Chambre de Commerce, dont la vision neutre et professionnelle sur votre projet en général, et votre prévisionnel en particulier, pourra s'avérer utile dans la clarification de votre projet et de son potentiel.

Stage d'une semaine suivi ou pas, il est possible une fois installé de bénéficier du soutien des experts de la Chambre des Métiers/du Commerce. Ils fournissent ainsi un avis extérieur sur les premiers mois d'activité, et cet échange permet une première confrontation entre la théorie et la réalité.

Le Prévisionnel

Le prévisionnel justement, c'est ce document indispensable pour la création de toute entreprise, qui synthétise les *prévisions* de recettes et de dépenses. Il permet d'évaluer les risques financiers, et est notamment nécessaire quand il s'agit de trouver un financement, prêt d'honneur ou prêt bancaire.

Et pourtant, comme tout outil de prévision, il est **faux** à la seconde où l'activité démarre ! On ne peut pas tout prévoir, la demande ne collera jamais exactement à vos prévisions, et les dépenses non plus, malheureusement.

Ces considérations réalistes n'empêchent pas tous vos interlocuteurs de vous demander cette estimation, sur trois ans, pour toutes vos recettes et toutes vos dépenses !

Prévisionnel est la version raccourcie de « bilan prévisionnel ». C'est un document de forme comptable, qui comprend un bilan, un compte de résultats, un plan de trésorerie, un tableau d'amortissement, … et vous allez devoir produire le tout pour les trois premières années d'activité de votre nouvelle entreprise, et sans avoir même démarré l'activité.

Attention, malgré ses défauts faciles à pointer, il reste un document clé, y compris pour le créateur: un prévisionnel bien renseigné est d'abord pour le chef d'entreprise un outil très efficace pour vérifier que votre entreprise va être viable. Il permet de valider les hypothèses de chiffre d'affaires, de dépenses. Il va permettre, par exemple, d'identifier si vous pouvez embaucher du personnel, et dans quelle mesure, et donnera une direction très claire quant au chiffre à réaliser et aux charges attendues.

Seulement prudence: *il n'y a rien de plus facile à manipuler qu'une feuille de calcul*, surtout quand on travaille sur des données *hypothétiques*, et le moindre changement dans les hypothèses (marché, coûts) peut induire des variations énormes.

Partant de cette facilité de manipulation des chiffres, le prévisionnel peut être travesti pour servir d'autres objectifs. À quoi sert un prévisionnel ? Doit-il refléter les meilleures estimations de réussite, ou est-il surtout là pour rassurer les investisseurs ? Ajouter ou retrancher 5% par-ci, par-là, dans le fichier est chose aisée, et vous aurez tôt fait de revoir le chiffre d'affaires à la hausse ou de baisser les charges afin d'avoir des ratios satisfaisants, qui rassureront les banquiers et vous permettront d'obtenir plus facilement vos prêts.

Oui mais… avec ces ratios « corrects », c'est aussi une vision « réaliste » du chiffre qui s'en va, et le risque que ce nouveau prévisionnel ne puisse pas forcément être atteint.

Patron: un poste à multiples facettes.

Quelle personne est à la fois à la fabrication, à la vente, aux achats, à la comptabilité, au juridique, au recrutement, et peut remplacer n'importe quel membre malade d'une entreprise au pied levé ?

Le Patron

Cet individu rare censé avoir toutes les qualités est en effet sur tous les fronts. Non qu'il soit seul ou mal entouré, mais en général il incombe au patron d'avoir une visibilité globale sur ce qui se passe dans son entreprise. Et en cas d'insuffisance de personnel, pour absences ou suite à une augmentation de la charge de travail, c'est souvent le patron qui va colmater les brèches, au moins temporairement.

Il m'est arrivé, quelques fois, de commencer la journée à 3h du matin à la fabrication pour la finir à 20h avec la fermeture du magasin, passant l'après-midi passée à la vente, et insérant dans cette journée des visites de fournisseurs pour passer les commandes et des saisies de factures à destination du comptable.

Bien sûr, en temps normal le patron ne peut pas tout faire, et c'est pour cela qu'il devra s'entourer d'un personnel compétent et motivé.

Cette ouverture est également ce qui fait la richesse du rôle de patron: un poste à géométrie variable, qui sait varier au gré des besoins de l'entreprise.

Patron et Manager, est-ce la même fonction ?

Ce chapitre n'existerait sans doute pas si l'auteur de ces lignes n'avait pas été cadre avant d'être boulanger. Le fait d'avoir été « Manager » d'équipe dans le passé m'a conduit naturellement à une réflexion sur ces fonctions d'encadrement et leurs différents noms.

Les mots ne sont pas innocents, et chaque terme recouvre une réalité, au minimum une perception et des attentes, qui peuvent être bien différents. Complétons cette liste de mots avec le terme de **Leader**, et nous avons trois fonctions de « management » relativement proches, mais avec de subtiles différences.

Sur la différence entre manager et leader, Cécile Dejoux, professeure au CNAM, anime un excellent MOOC (cours en ligne) sur le sujet, intitulé « Du Manager au Leader », où l'on voit qu'on peut être Manager sans être Leader, et Leader sans gérer d'équipe.

Au-delà des définitions, c'est également sur le terrain, au niveau des attentes, que se situent les différences de vocabulaire.

Revenons au titre de ce chapitre: quelle différence peut-on faire entre un Manager et un Patron ? Et précisément, quelle différence fais-je de ces deux termes, ayant pratiqué les deux fonctions dans deux environnements très distincts.

J'ai occupé le poste de Manager, dans une multinationale américaine, avec une équipe de cadres. Six personnes autonomes, avec des fiches de postes bien définies, et des processus internes de gestion des ressources humaines bien décrits. En tant que Manager, j'avais le soutien d'une structure complète, hiérarchique, juridique, comptable, et humaine.

Je suis ensuite devenu Patron d'une boulangerie, avec une équipe de boulangers, pâtissiers et vendeuses. Curieux parallèle, là encore six personnes, autonomes, avec des postes bien définis.

Première différence fondamentale: dans mon rôle de Patron, j'étais seul au quotidien. Dans une TPE, les soutiens juridique, comptable, et humain viennent de l'extérieur, et souvent avec un coût - souvent non intégré dans le prévisionnel du chapitre précédent... Là où le Manager que j'avais été pouvait se reposer et s'appuyer sur une structure, le Patron que je suis devenu devait composer seul la plupart du temps. Et l'expérience que j'avais du « management » bien entouré s'est avérée d'une efficacité limitée quand il s'est agi pour moi d'être « patron » plutôt isolé.

Autre différence, plus inattendue: les attentes du personnel ne sont pas forcément les mêmes. Nous y reviendrons plus en détail dans la deuxième partie, consacrée au personnel. Disons en substance qu'on attend souvent du manager qu'il *gère*, qu'il *accompagne*, et du patron qu'il *décide*, qu'il *donne des ordres*.

CHAPITRE DEUX

Manager

Les relations avec le personnel

Peut-on être patron et gentil à la fois ?

Corollaire de cette question, le personnel est-il prêt à accepter un patron qui ne les traiterait pas durement « comme un patron » ?

J'ai fait ce choix relationnel au démarrage de mon entreprise, d'être un patron humain et compréhensif, ce que certains décrivent également comme un patron « gentil ». C'était à la fois la seule façon de fonctionner que je connaissais, et que j'avais envie de suivre, et le mode de fonctionnement que j'avais appliqué dans mon passé de Manager.

Evidemment, « gentil » n'est pas le terme exact.
Compréhensif, empathique, conviendraient sans doute mieux.
Positif, bienveillant, sont également des nouveaux termes qui arrivent. Signe des temps, même dans le management de proximité, on (re)découvre les bienfaits des relations apaisées dans la motivation et l'efficacité des employés, et au final les situations parfois surprenantes décrites dans ce livre sont peut-être en voie de disparition.

Revenons à l'arrivée du patron: dans mon entreprise, j'ai adopté une posture de management ouverte, où les employés pouvaient s'exprimer et faire des propositions, où j'évitais de les brusquer mais privilégiais le dialogue, et où je préférais critiquer en privé plutôt qu'en public (voir le prochain chapitre).

Seulement voila, ce n'est pas ce qu'on attendait du patron. On me l'a rapidement fait comprendre: un **patron** ça n'est pas **gentil**.

Le patron, c'est celui qui tape du poing sur la table, celui qui « gueule » quand les choses ne sont pas faites, celui qui peut remonter les bretelles, celui qui peut donner des ordres en criant, parce que … c'est lui le patron. On peut ne pas être d'accord avec lui, il peut arriver que le ton monte entre le patron et son employé, mais c'est justement à ces « prises de becs » qu'on va reconnaître, voire mesurer, un « vrai », un « bon » patron.

Et cette image est tellement bien ancrée dans l'imaginaire collectif, qu'un « patron » qui se voudrait « gentil » risque même de sonner faux. Ce n'est pas dans ce registre qu'on attend son patron. Au mieux il est juste « bizarre », au pire il est surtout perçu comme mou.

Et au final, il en va même du *respect* que les employés portent à leur patron. Combien de fois ai-je entendu, dans mon entreprise, ou pendant mon apprentissage « ce patron-là, il était dur, mais qu'est-ce qu'il était bien », ou encore « il m'a mené la vie dure, il m'a même fait pleurer, mais j'ai bien appris, et je l'aimais bien » ?

On dit bien que les souvenirs les plus forts sont liés aux émotions les plus fortes. Est-il plus facile de laisser une trace en étant dur et inflexible qu'en étant compréhensif et empathique ?

Transmettre les critiques

On a beau avoir géré des équipes avant d'être patron, les méthodes ne sont pas toujours les mêmes. Manager et Patron, ce n'est pas forcément le même rôle.

J'avais appris la méthode suivante pendant mes années de

cadre: « Praise in public, criticize in private » - « Féliciter en public, critiquer en privé ». L'idée est de valoriser les employés auprès de leurs pairs, tout en ouvrant la remise en question et l'amélioration *via* des discussions en face à face. Elle participe également à l'élévation globale de l'équipe, par la mise en avant de « modèles »: tout le monde peut apprendre en observant les comportements jugés pertinents et efficaces, et les difficultés sont abordées séparément, pour éviter une honte publique aux personnes visées.

Plein de confiance, j'ai appliqué cette méthode dans ma petite entreprise. Et le résultat fut surprenant: on attendait exactement l'inverse de ma part! Apprendre en identifiant ce qu'il ne faut pas faire, comprendre les circonstances où les collègues se font remonter les bretelles pour ne pas les reproduire.

Pour revenir à la posture du patron « gentil », on attendait de moi que je sois dur, en public, plutôt que compréhensif et attentif en privé.

Et ces attentes ont donné lieu à des écarts intéressants. « Tu me reproches ça, mais à elle tu lui as rien dit, alors qu'à moi, si ! ». La critique en privé n'était pas l'attente. Et quand vous expliquez que vous parlez à l'autre personne quand vous la voyez et que ça ne concerne que vous deux, on vous croit à peine. Pire, on suppose que vous protégez cette autre personne, pour des raisons qu'on préfère ne pas connaître.

Et voila la jolie méthode destinée à élever le personnel qui se met à générer de la suspicion et de l'incompréhension !

Ce décalage soulève également des risques: celui de ne pas répondre aux attentes de son personnel, qui ne comprend plus de quelle manière il peut apprendre et évoluer, et celui, déjà identifié, d'apparaître comme protégeant certaines personnes en ne les critiquant pas ouvertement.

Travail, confiance et autonomie

Un collègue m'a proposé cette maxime en anglais, qui a également parfaitement caractérisé une partie des relations avec le personnel: « People respect what you inspect, not what you expect », en français, et sans la rime: « les gens font ce que vous vérifiez, pas ce que vous leur demandez ».

Tristesse de cette maxime, et nouvelle remise en question du patron: il n'est pas suffisant de demander pour que les choses soient faites, même par les individus les plus autonomes et volontaires. Pire, il se peut que vos employés vous respectent d'autant plus que vous serez sur leur dos à vérifier qu'il font bien leur travail.

Mais est-ce limité à nos employés ? Ne faisons-nous pas pareil avec nos enfants, quand nous vérifions leurs devoirs, à la maison ou à l'école, quand nous vérifions qu'ils ont bien rangé leur chambre ou qu'ils n'ont pas dépassé leur temps de télé ou de console ? Et du coup cette maxime renvoie également au statut potentiellement infantilisant dans lequel nous risquons de conserver nos employés en les critiquant en public (voir pages précédentes).

Et c'est le cercle vicieux: le manque de confiance envers l'employé se traduit par une perte d'efficacité, d'où une surveillance accrue, qui débouche sur une perte de motivation et une absence de recherche de l'excellence et de l'autonomie. Si, de toute façon, le patron va vérifier tout ce que je fais, autant attendre qu'il arrive pour savoir j'ai bien fait ce que j'avais à faire.

S'ajoute le potentiel de la critique: "non seulement il vérifie, mais en plus il dit que c'est mal fait » et tous les ingrédients sont réunis pour une réelle perte de motivation, voire de confiance.

Et pourtant j'y vois une double lueur d'espoir, quand cette « vérification » devient l'occasion de complimenter la personne - en privé - sur la qualité de son travail. Et du coup, cette étape de vérification devient occasion d'échange, et l'on peut transformer le *contrôle* en *apprentissage*. Et l'on peut espérer que la répétition de ces contrôles crée une habitude, et qu'à un moment l'autonomie soit acquise et que le contrôle soit rendu moins nécessaire.

Encore une fois, le parallèle avec l'éducation est intéressant: c'est de cette même manière que nous amenons nos enfants à l'autonomie et à l'excellence, par un subtil équilibre entre apprentissages et contrôle.

Les Contrats

La précision du temps de travail dans le contrat

Les contrats de travail sont devenus tellement complexes qu'il faut par prudence un juriste pour rédiger chaque contrat, histoire d'éviter des flous qui se transformeront en opportunités de négociation une fois la "bonne" relation terminée entre l'employé et son patron.

Première chose: méfiez-vous des accords *tacites*, qui voleront en éclat au moment de la séparation. Il en va du contrat de travail comme de certains contrats de mariage: c'est au moment du divorce (licenciement) que le contrat trouve son utilité, et que ses rédacteurs deviennent précis dans la lecture des articles…

Un exemple parmi tant d'autres: un ouvrier payé à l'heure travaille un dimanche sur deux. Il travaille donc une semaine 35h (5 jours x 7 heures) et l'autre 42h (6 jours x 7 heures), ce qui fait une moyenne de 38h30 par semaine. Dans le contrat de travail, vous pouvez écrire qu'il fait des semaines de 38h30 - ce qui est vrai - et on peut raisonnablement se mettre d'accord pour que les dimanches chômés soient gérés *via* le planning du personnel, *hors du contrat de travail*, donc.

La loi apporte quelques précisions sur la marche à suivre: si le contrat dit 38h30 et que l'employé n'a travaillé que 35h - *à la demande* de l'employeur - il doit quand même être payé 38h30. Et bien sûr quand il travaille 42h, il est au-dessus des 38h30 du contrat, et touche donc des heures supplémentaires.

Donc, *d'après la loi*, si le contrat dit 38h30 l'employé doit être payé *au minimum* 38h30 TOUTES LES SEMAINES, même celles où il n'a travaillé que 35h. Et les arrangements avec le planning ne sont que des *arrangements*, selon la loi.

Que manque-t'il dans le contrat écrit pour refléter très précisément la réalité du temps de travail et éviter toute ambiguïté future ? Presque rien, juste quelques mots de plus. Il suffirait sans doute de préciser « 38h30 hebdomadaires, en moyenne sur le mois », et les conditions seraient clairement définies *selon la loi*. Et bien sûr et surtout, il vaut mieux faire valider la formulation par un juriste, on se sait jamais…

Sinon, que se passe-t-il ? Tant que les relations sont bonnes, les termes écrits *et oraux* du contrat sont agréablement respectés par les deux parties. Mais en cas de litige ou de séparation, l'inspecteur du travail ou l'avocat de l'employé auront tôt fait d'utiliser les failles pour réclamer des heures non payées... Et que ces heures fussent travaillées ou non n'est plus la question, on ne parle ici que du cadre légal.

Cerise sur le gâteau, faire valider les contrats de travail par un juriste, c'est une prestation, qui a un coût. Ce coût était-il intégré dans le prévisionnel du premier chapitre ?

De l'utilité des contrats à temps partiel

Dans de nombreux métiers, l'absence pendant un, voire plusieurs jours d'une personne peut être absorbée par l'organisation: les dossiers prendront certes du retard, mais cette absence ne nécessite pas systématiquement un remplacement immédiat, et à 100%.

Dans le cas d'un commerce avec une seule personne à la

vente, le choix est assez binaire: il faut quelqu'un pour servir les clients aux heures d'ouverture. Si la personne prévue est absente, il faut quelqu'un d'autre - pas de discussion.

Un boulanger travaille rarement avec une seule vendeuse. Pour accommoder des plages d'ouverture généralement longues (souvent jusqu'à 14h par jour, 6 ou 7 jours sur 7), ce sont souvent 3 ou 4 vendeuses qui se succèdent dans la semaine. Quand une vendeuse est absente, on peut donc espérer la remplacer avec une autre.

Et c'est là que le temps partiel prend tout son sens: comptablement, il est plus facile de demander à une vendeuse de faire 7 heures de plus quand son contrat est à mi-temps, que quand elle a déjà un contrat à 35h. Dans le premier cas, ce sont des heures complémentaires, payées au tarif normal, dans le deuxième ce sont des heures supplémentaires, majorée à 25%, voire 50% quand le temps de travail hebdomadaire dépasse un certain plafond.

Autre intérêt du temps partiel: en ayant plus de personnel, on répartit le risque d'absence sur plusieurs têtes. En travaillant avec quatre vendeuses au lieu de deux, si une est malade, il en reste toujours trois pour éventuellement la remplacer, et son temps d'absence au magasin est moins important.

Pour ces deux raisons, comptable et humaine, de nombreux patrons préfèrent n'avoir à la vente que du personnel à temps partiel. Et du coup ces considérations *objectives* participent à la précarisation d'un personnel déjà souvent rémunéré au minimum légal.

Fin de contrat

Quand les deux se séparent...

Il en va des relations employeur-employés comme d'un mariage, ou plutôt, il en va de la séparation entre l'employeur et un de ses employés comme d'un divorce: les mots doux, les politesses qu'on a pu dire pendant des mois et des années peuvent facilement s'effacer devant le juge (les prud'hommes) au profit de relectures littérales du contrat de mariage, pardon, de travail.

Tous ces arrangements qui avaient été faits d'un commun accord *verbal* tombent alors sous les coups d'une analyse froide des écrits.

La relation cordiale et honnête est sérieusement remise en question le jour où l'employé se dit que, finalement, son patron n'est pas si bon que ça, son contrat n'est pas si clair que ça, et qu'il peut sans doute récupérer quelques milliers d'euros en cherchant bien dans le contrat.

Pire, bien souvent l'assignation aux prud'hommes par l'employé ne revêt aucun caractère « personnel », mais quand il y a de l'argent en jeu, on peut oublier la relation humaine au profit du gain pécuniaire.

Et voila comment on se retrouve, du jour au lendemain, et sans sommations, assigné aux prud'hommes par ces employés avec lesquels les relations étaient auparavant cordiales, voire amicales.

Sans aller jusqu'aux prud'hommes, certains métiers offrent

encore des possibilités de changer de patron assez facilement. Dans la boulangerie, il n'est pas rare de se retrouver un matin sans boulanger parce qu'il avait simplement envie « d'aller voir ailleurs ». Ici, pas forcément de séparation difficile, mais pas forcément anticipée non plus.

Revenant aux rôles du patron, le manager se fait recruteur, et doit ajouter à son quotidien la tâche de remplacer un employé clé dans les plus brefs délais. Cette fonction de recruteur est un trait de nombreux patrons de TPE.

Une conciliation aux prud'hommes

Quelle étrange expérience qu'une conciliation au tribunal des prud'hommes !

Conciliation, c'est le mot: « nous ne sommes pas là pour juger sur le fond, mais pour voir si vous pouvez vous mettre d'accord, et ainsi éviter d'aller au procès ». Les mots sont dits: ce n'est pas dans cette réunion que vous pourrez tergiverser sur les motivations du plaignant (votre ancien employé), ni sur la pertinence de ses exigences, il s'agit juste de déterminer le montant du chèque que vous accepterez de lui faire en échange de son abandon des « poursuites ».

- Et le fond ? Et si je considère que ses demandes ne sont pas fondées ?
- Un seul moyen, refuser la conciliation et aller au procès.
- Allons au procès, je veux prouver ma bonne foi !

C'est bien sûr possible, mais le procès va commencer par vous coûter: de l'argent (frais d'avocat, frais de procédure), et du temps à consacrer à la préparation du procès. Car c'est au patron d'apporter les preuves que la plainte est injustifiée, s'il considère qu'elle l'est. Il faudra donc réunir tous les éléments (contrats de travail, feuilles d'heures, témoignages éventuels), attendre une date pour le procès, et plaider.

- Non, la conciliation est plus rapide et plus simple. Suivez mon conseil, acceptez de payer quelque chose.

Comment alors déterminer le montant ? C'est très simple: par simple accord (« négociation ») entre les parties. Dans une sorte de danse bien réglée, chaque partie va ainsi proposer un montant qui lui paraît acceptable, pour « réparer » le « préjudice » subi par le plaignant.

Soyons précis: il ne s'agit pas ici d'une critique du système. j'ai eu la chance d'être employé et patron, j'ai pu mesurer les contraintes et les avantages de chacune des positions, et les paragraphes qui précèdent ne sont en aucun cas une défense aveugle du patron trop gentil qui serait harcelé par de méchants employés attirés par l'argent facile.

Des patrons abusent tous les jours (heures non payées, accords non respectés), et il est important que les droits des employés soient respectés. Mais il est toujours surprenant d'être poursuivi alors qu'on croyait avoir bien fait les choses et traité correctement son personnel. Retour aux chapitres sur les contrats et sur le rôle du patron…

CHAPITRE TROIS

Tenir le cap

Pourquoi ce chapitre ?

Fidèle au titre du livre, « Patron, c'est pas du gâteau !», il fallait une partie où aborder les cas où la pâte ne lève pas correctement, où la crème ne prend pas, où le goût n'est pas là.

Tout ne se passe pas toujours comme prévu, et si l'on anticipe volontiers le positif, surtout au moment, souvent euphorique, du démarrage, une Cassandre sur l'épaule peut nous aider à gérer le négatif, au moins à ne pas être totalement surpris quand il arrive - car dans la vie d'une entreprise, comme dans la vie en général, tout peut arriver.

Damoclès

Que vient faire Damoclès dans un manuel de création d'entreprise ? Un peu d'histoire nous mettra en situation.

Denys l'Ancien, tyran de Syracuse, était agacé par le comportement de Damoclès, roi des orfèvres, qui ne cessait de le flatter sur la *chance* qu'il avait d'être tyran. Il lui proposa de prendre sa place le temps d'une journée. Assis sur le trône, Damoclès s'aperçut qu'une épée était suspendue au-dessus de sa tête, uniquement retenue par un crin du cheval de Denys. L'objectif du tyran était de montrer à Damoclès que son rôle était à double face: une grande puissance certes, mais un risque de mort qui pouvait frapper à tout moment. (librement inspiré de l'article Wikipedia).

Depuis cette histoire, la célèbre « épée de Damoclès » est

devenue le symbole du danger qui peut frapper à chaque instant.

Si l'on applique cette logique au patron et de son entreprise, cette « menace imprévue » peut revêtir plusieurs formes:
- un employé malade qui prévient la veille au soir qu'il ne peut pas venir travailler
- un employé malade qui vient quand même travailler, mais qu'on doit renvoyer chez lui/elle car en incapacité d'assurer son travail
- une visite de l'Inspecteur du Travail
- un contrôle DGCCRF (les prix, pour les magasins)
- un contrôle des services vétérinaires (pour les métiers de bouche)
- une visite de l'Inspecteur d'Académie (pour les patrons d'apprentis)
- un contrôle URSSAF (pour les salaires)
- un contrôle fiscal (pour les impôts)
- un problème avec le matériel
- une plainte client sur un produit
- un vol
- un braquage
- un cambriolage
- un feu
- un dégât des eaux
- une panne d'électricité qui coupe frigos et congélateurs (pour les métiers de bouche)
- une panne d'électricité qui coupe ordinateurs et accès internet (pour les sociétés de service)
- l'absence de clients
- le trop-plein de clients

… et la liste n'est pas exhaustive.

La particularité d'un certain nombre d'entreprises, notamment en fabrication et commerce alimentaire, c'est de cumuler plusieurs catégories de risques, par exemple ceux liés au commerce (vérification des prix, des balances pour les produits vendus au poids), à la manipulation de produits frais (chaîne du froid, risques sanitaires), et à la gestion des employés et des apprentis. Dans ces entreprises, tous les contrôles et tous les risques sont donc envisageables.

Fort heureusement, le quotidien d'une entreprise ne se résume pas à cette litanie de risques. Mais il peut arriver l'un ou l'autre évènement au cours de l'année, parfois plusieurs, et leur concrétisation, voire leur accumulation, vont être facteurs de stress supplémentaire - sans compter les dépenses supplémentaires non prévues, quand des appareils doivent être réparés ou remplacés, et que cela n'était pas dans votre fameux prévisionnel ! Retour à la case financière, le prévisionnel est décidément un outil important dans la mise en place de votre société.

La solitude du patron

Le patron, en bon capitaine de navire, pense beaucoup aux autres: à ses clients qui le font travailler, à ses employés qu'il fait travailler à son tour, à sa famille, qu'il participe à entretenir avec son salaire, à son banquier, qui attend le remboursement de l'emprunt, à ses fournisseurs qui attendent le règlement de leur facture, à l'URSSAF qui n'attendra pas le règlement des charges, …

Quand un patron est angoissé, à qui peut-il confier ses angoisses ?

A ses employés ? Le patron est là pour gérer, pour faire tourner la boite, pour montrer la direction, pour rassurer dans les moments difficiles, en aucun cas pour ajouter du stress.

A ses clients ? Quel client irait plaindre son fournisseur au moment de le payer ? Et si ce fournisseur commence à être inquiet, risque-t'il de fermer boutique ? Auquel cas il vaut peut-être mieux *changer* de fournisseur ? Et dans ce cas l'angoisse du patron partagée avec ses clients précipite son déclin.

A sa famille ? C'est un choix à double tranchant, il peut certes trouver oreille attentive, mais au risque de déployer son angoisse sur un nombre plus grand de personnes, et c'est toute la famille qui devient inquiète.

A ses collègues ? Les difficultés rencontrées sont rarement uniques, et les angoisses vécues par l'un le sont souvent par les autres, mais à quoi bon les partager ? Oui, le business est difficile, oui la gestion du personnel est difficile, et seuls les plus forts s'en sortent. Une fédération professionnelle, quand elle est active, n'est pas un groupe de parole.

A ses fournisseurs ? Avant tout, vos fournisseurs attendent de la solvabilité. Ils vont vous aider à faire tourner la boutique, peuvent prodiguer des conseils en plus des produits, et éventuellement proposer des actions correctrices, mais au moment de faire tourner l'entreprise et de prendre des décisions, vous êtes seul aux manettes.

On le comprend, un patron angoissé peut échanger, mais avec le risque d'avoir autant d'opinions qu'il aura eu d'interlocuteurs, et au final il reste seul face aux décisions qu'il peut être amener à prendre. C'est lui le patron.

...

Et quand les choses commencent à être *vraiment* difficiles, il ne faut plus seulement cacher, il faut parfois mentir.

Mentir aux clients en disant que les ventes sont bonnes.

Mentir aux voisins en disant que tout va bien.

Mentir aux employés inquiets en disant que ça va s'améliorer.

Et au final, ce mensonge s'ajoute à l'angoisse dans une sorte de spirale descendante.

Que faire quand rien de va plus ?

Quand un *employé* en a assez de son travail, de son chef, ou des deux, il a plusieurs possibilités pour « souffler ».

Il peut:
• « prendre » un jour d'absence non justifié
• « se mettre » en arrêt maladie
• poser des congés
• négocier une rupture conventionnelle
• démissionner

La plupart de ces actions peuvent avoir un effet immédiat. Les plus longues requièrent 3 mois tout au plus.

...

Quand un *patron* a besoin de souffler, quelles possibilités s'offrent à lui ?

Il ne peut pas:

- partir sans prévenir - il est responsable de son entreprise et de son personnel
- tomber malade - qui le remplacerait ?
- poser des congés ou fermer la boutique - comment le chiffre va-t-il rentrer ?
- tout arrêter - que ce soit pour un jour ou pour toujours, il est responsable

Restent quelques solutions, plus ou moins radicales: la vente, la liquidation, et le suicide.

La spirale descendante est un processus maintenant identifié, décrit comme le concept des quatre D: dépôt de bilan, divorce, dépression, décès, les 3 premiers éléments pouvant apparaître dans un ordre différent.

Ces éléments commencent à être identifiés et analysés. Citons ici deux exemples glanés lors de la préparation de cet ouvrage. Le journal « 20 minutes » citait en 2012 une étude Ifop pour Fiducial, qui montrait que « un patron de Très Petites Entreprises (TPE) sur quatre est (ou a été) en proie à des maux de santé. Des problèmes liés à 72% au stress et à l'anxiété. » (source http://www.20minutes.fr/economie/1014007-2012-patron-tpe-quatre-problemes-sante)

Plus spécifique, le site internet « Souffrance & Travail » décrit, dans un article de son magazine, le concept des 4D: « nombreux sont les patrons de petites et moyennes entreprises (PME) qui voient leur vie privée déstabilisée par leur activité professionnelle. Lorsque les difficultés s'amoncellent, la descente aux enfers n'est jamais loin. » (source: http://www.souffrance-et-travail.com/magazine/souffrance-au-travail-des-patrons-pme/)

Malgré cela, n'oublions pas une chose: si l'*entreprise* peut traverser des heures sombres, et le patron endosser sa part de responsabilité, la *personne* ne doit pas être détruite, quelle que soit l'issue du *patron*.

Chaque patron, chaque individu « vaut quelque chose », et même si la combinaison d'angoisse et parfois de mensonge décrite au chapitre précédent peut conduire à une forte remise en question *personnelle*, il faut à un moment poser que nous exerçons avec nos capacités et nos limites.

La situation peut être difficile, voire très difficile, mais la *personne* ne doit pas être atteinte.

CHAPITRE QUATRE

Vendre

Vendre ou ne pas vendre ?

La suite et parfois la fin d'une entreprise, ce sont plusieurs possibilités. Citons de manière non exhaustive: continuer le plus longtemps possible (« heureux pour toujours »), s'adosser avec un partenaire pour développer les ventes, régionalement, à l'international, ou en terme de gamme de produits, ou encore vendre son entreprise.

Depuis le début de ce court ouvrage, le propos s'adosse sur une expérience vécue. Nous ne traiterons donc pas ici des deux premiers éléments, puisque l'auteur de ces lignes ne les a pas vécus. Le troisième est en revanche un cas très concret.

La décision de vendre, et le secret qui l'entoure

Quelle est la décision la plus difficile à prendre pour un patron, créateur d'entreprise, quand à un moment la situation est devenue intenable, au niveau financier, professionnel, psychologique, … ?

Vendre son entreprise.

Regarder la situation, ce que certains pourront qualifier d'échec, accepter qu'on ne pourra pas l'améliorer, et se dire qu'on *peut* aller de l'avant - mais dans une autre direction.

La décision de vendre est à la fois une *libération* (une perspective s'ouvre) et le début d'une nouvelle phase dans la vie de l'entreprise elle-même, et pas forcément la plus rose. En effet, il va s'agir de trouver un acheteur, ce qui n'est jamais garanti, et tant que la vente n'est pas conclue la communication autour de cette « libération » risque d'être très limitée, voire inexistante.

Reprenant le thème du chapitre sur la solitude du patron, il y a une période autour de la vente où vous mentez doublement, ne disant pas que la situation est difficile, et ne disant pas non plus que vous êtes en train de vendre. Et tel Saint Pierre le soir de la Passion, vous allez démentir plusieurs fois ces rumeurs sur la vente de votre fonds de commerce ou de votre entreprise. Non bien sûr, vous êtes là pour rester, tout le monde est toujours à vendre, mais pas vous, etc...

Pourquoi ce secret ? J'y vois au moins trois raisons:

Une vente, tant qu'elle n'est pas signée, peut ne pas aboutir. Il est donc délicat, voire contre-productif, d'inclure trop de personnes dans un exercice qui peut être long et potentiellement frustrant, quand une négociation déjà longue n'aboutit pas.

Ensuite, la vente est une négociation, entre l'acheteur et le vendeur. Elle n'a pas forcément besoin de trop d'acteurs.

Dernier élément, et non des moindres: il convient avant tout de protéger le personnel et les clients.

Même si le personnel est protégé par contrat lors de la reprise du fonds de commerce, la vente est synonyme de changement: au minimum changement de patron, avec un mode de fonctionnement différent, des attentes différentes, et potentiellement des changements plus profonds au niveau des horaires, des produits, etc... Même si son contrat de travail est préservé, l'employé va lui aussi connaître un changement important avec cette vente.

Les clients font tourner le fonds de commerce. Sans clients pas de chiffre. Et nos clients ont leurs habitudes, que nous avons appris à décoder. Nous nous sommes adaptés à certaines de leurs habitudes, ils en ont modifié d'autres en fonction de nos propositions, potentiellement différentes de celles de nos prédécesseurs. Pour les clients, un changement de propriétaire est à la fois une opportunité et un risque, et tant que ce changement n'est pas avéré, il est inutile de les perturber avec ce qui n'est encore que potentiel.

Le processus de la vente

Vous avez trouvé des personnes intéressées par le rachat de votre entreprise, de votre fonds de commerce. Commence alors la période des négociations, jusqu'à la signature du compromis, puis une deuxième attente, jusqu'à la signature de la vente effective. Et même quand la vente est conclue, l'argent n'arrivera pas tout de suite sur votre compte, puisqu'il faut qu'un certain nombre d'acteurs (notamment les impôts) vérifient que vous ne laissez pas de dettes avant de vous donner accès à la somme. Et pendant ce temps l'emprunt continue à se débiter sur votre compte déjà dans le rouge…

Revenons au début de cette vente et à votre situation: souvent fragilisé par un chiffre d'affaire plus faible que prévu, des revenus souvent inexistants, et un moral pas forcément au plus haut, vous tentez néanmoins de faire bonne figure avec l'acheteur potentiel, d' « habiller la mariée » pour que la vente se fasse correctement, en sachant qu'il est difficile de faire croire à la lune quand vous êtes déjà en difficultés.

L'acheteur est potentiellement en situation de force, et ne va pas se priver d'appuyer sur votre échec si cela lui permet de négocier le prix à la baisse.

C'est ainsi que cette étape peut devenir la plus pénible de votre vie de patron: la critique extérieure s'ajoute aux angoisses déjà exprimées, comme pour venir les confirmer. La « libération » représentée par la vente est d'abord exercice d'inventaire, où l'acheteur potentiel vous force, même inconsciemment, à faire un point *objectif* sur vos réalisations et vos manques. Cette étape n'est pas forcément agréable. Et c'est ici que le point évoqué dans la section précédente reprend tout son sens: quels que soient les arguments de l'acheteur sur votre piètre gestion et l'état lamentable dans lequel vous lui laissez l'entreprise, *vous*, en tant qu'individu, valez quelque chose.

Et n'oublions pas cette lapalissade: pour que la vente se fasse, il faut un vendeur et un acheteur. Si l'acheteur signe, malgré toutes les critiques qu'il a pu faire, c'est qu'il considère l'affaire comme intéressante. Personne ne l'oblige à acheter. Pour qu'il y ait vente, il qu'il y ait accord.

Sortir grandi

La phrase a été tellement répétée qu'elle finit par ne plus marquer. « Ce qui ne nous tue pas nous rend plus fort ».

Même si votre période en tant que patron ne s'est pas déroulée comme vous l'espériez, vous l'avez traversée, en entier, et jusqu'à cette conclusion qu'est la vente. Le cycle se termine, vous êtes toujours debout, et vous avez au minimum acquis une expérience supplémentaire.

Vous sortez vivant et grandi de cette expérience. Grandi de l'avoir fait. Grandi d'avoir appris, sur le métier, sur vous, sur les autres.

Revenons au postulat du chapitre précédent: chaque patron, chaque individu « vaut quelque chose ». C'est exactement le cas ici. Vous êtes allé au bout de la démarche. Vous avez créé une entreprise, vous l'avez gérée, vous avez géré du personnel, généré du chiffre, servi des clients, et vous avez conclu la transmission de votre entreprise. Vous avez accompli le cycle complet. Certes tout ne s'est pas forcément passé comme vous l'auriez voulu, mais vous l'avez fait.

Quelques mots pour conclure

Lorsque j'ai quitté mon emploi de cadre pour devenir patron boulanger, le mot que j'ai le plus entendu de la bouche de mes collègues était « courageux ». Et à force d'entendre ce mot répété tant de fois, il arrive un moment où l'on se demande si, effectivement, la décision de quitter la relative sécurité du cadre pour les aléas de la création d'entreprise n'était pas un peu folle.

Du courage il en faut effectivement, pour quitter un poste que l'on connaît, dans un environnement que l'on maîtrise, et aller apprendre un tout nouveau métier à 40 ans - qui plus est un métier manuel, en apprentissage pendant deux ans.

Du courage, il en faut encore pour créer ou reprendre une entreprise, et la gérer au quotidien - et ceci est vrai pour tous les patrons.

Du courage enfin, il m'en a fallu pour accepter de regarder la situation en face, et décider de vendre quand cela était à la fois nécessaire et possible.

Effectivement, il semblerait qu'on patron soit « courageux », entre autres qualités.

www.ingramcontent.com/pod-product-compliance
Lightning Source LLC
Chambersburg PA
CBHW070422190526
45169CB00003B/1370